ACCESO GRATIS *a la Lectura en la Nube*

Para visualizar el libro electrónico en la nube de lectura envíe junto a su nombre y apellidos una fotografía del código de barras situado en la contraportada del libro y otra del ticket de compra a la dirección:

ebooktirant@tirant.com

En un máximo de 72 horas laborales le enviaremos el código de acceso con sus instrucciones.

Repensar la corrupción: la diferencia entre la luciérnaga y el relámpago

Procedimiento de selección de originales, ver página web:

www.tirant.net/index.php/editorial/procedimiento-de-seleccion-de-originales

Efrén Hernández Monrreal

Repensar la corrupción: la diferencia entre la luciérnaga y el relámpago

tirant humanidades
Ciudad de México, 2025

En caso de erratas y actualizaciones, la Editorial Tirant lo Blanch México publicará la pertinente corrección en la página web www.tirant.com/mex/

La presente publicación pasó por un proceso de dos dictámenes (doble ciego) de pares académicos, miembros del Sistema Nacional de Investigadores del CONAHCYT, avalados por la Editorial Tirant lo Blanch.

© EDITA: TIRANT LO BLANCH
DISTRIBUYE: TIRANT LO BLANCH MÉXICO
Av. Tamaulipas 150, Oficina 502
Hipódromo, Cuauhtémoc
CP 06100, Ciudad de México
Telf: +52 1 55 65502317
infomex@tirant.com
www.tirant.com/mex/
www.tirant.es
ISBN: 978-84-1183-970-9
MAQUETA: Disset Ediciones
Fotografía del autor en solapa: Carolina Guzmán Parra Pulido
Diseño de portada: Postof
Diseño de billete de cero pesos: Postof & Efrén Hernández Monrreal

A Laura Guzmán Parra Pulido, palmeras de la brisa, que siempre pregunta: ¿usted existe o no existe? A lo que No-ser no contestó. ¡Sublime!, exclamo Luminosidad.

露とくとく 試みに浮世 すすがばや

tsuyu tokutoku / kokoromi ni ukiyo / susuga-baya

Bashō

Índice

Índice tabla

Índice ilustración

Prólogo

Escribir sobre la corrupción en las sociedades contemporáneas, es abrir la caja de Pandora: todos los males aparecen, pero casi siempre atribuidos a las instituciones públicas, al gobierno, al sistema normativo o a los "otros". Así, hay literatura sobre la economía de la corrupción[1], el diseño de instituciones para combatirla[2], los mecanismos para el control de la corrupción[3], la rendición de cuentas[4] e incluso enfoques histórico-sociológicos[5] y, los menos, sobre aspectos psicológicos[6] vinculados a comportamientos que puedan calificarse de corruptos o corruptores.

Pero pocos escritos se detienen en reflexionar el origen de la corrupción y mucho menos aún han cuestionado si es un mal o parte de la convivencia humana. Por ello, el texto que nos ofrece Efrén Monrreal es valiente, sin renunciar al rigor argumentativo y científico, para enfrentarnos a la concepción misma del vocablo *corrupción* y las implicaciones en

1. Susan Rose Ackerman y Bonnie Palifka, entre otros, han revisado diversas vinculaciones de la economía, el sector público y el crimen organizado con la corrupción.
2. En nuestro país, David Arellano Gault y Mauricio Merino Huerta, entre otros, han abordado desde esta perspectiva el problema.
3. Robert Klitgaard además de su gran obra académica, ha realizado intervenciones en diferentes países para mejorar el control de la corrupción.
4. En México, la Red por la Rendición de Cuentas, una organización plural que reúne académicos, organizaciones de la sociedad civil y expertos independientes, ha realizado un abundante trabajo vinculado al combate a la corrupción.
5. Unos textos interesantes sobre el caso mexicano son, *Cien años de corrupción en México a partir de la era postrevolucionaria 1917-2017* de Oscar Diego Bautista y Vicios públicos, virtudes privadas: la corrupción en México, obra colectiva coordinada por Claudio Lomnitz.
6. Martín Julián y Tomas Bonavia hace una revisión de la literatura al respecto 2008 a 2018 en su texto *Psychological variables related to corruption: a systematic review.*

contextos donde hemos determinado que es *sistémica*, como es el caso mexicano, en el cual, desde el 2005 se juridificó dicha situación, creando en norma constitucional al Sistema Nacional Anticorrupción y sus homólogos subnacionales.

Monrreal, con su sólida formación jurídica, no se conforma con aceptar que hay corrupción y unas figuras jurídicas para combatirla. El autor, mediante un cuento de Paul Maar, nos enfrenta a la realidad cotidiana de nuestros comportamientos, tanto si somos los funcionarios públicos como si somos los ciudadanos ¿quién es el corruptor y quién es el corrompido?, ¿cómo llegamos a estos adjetivos calificativos? Cuando se vive así, cuando la corrupción es aceptada en una comunidad como norma social, es necesario un golpe abrupto para retornar a la integridad, como propone la Organización No Gubernamental *5th Pillar* y que retoma Efrén Monrreal, con el billete de valor cero que los usuarios del servicio público entregan al potencialmente corrompible funcionario gubernamental. Un recordatorio cara a cara, en un proceso relacional transaccional de dos personas, puede ayudar a solucionar esta situación -que hemos determinado previamente que es indeseable- más que un aparatoso sistema y normativa compleja e ineficaz.

Nuestro escritor, en una segunda parte de su escrito nos muestra diferentes concepciones y aristas de la corrupción en cuatro países, comparándolas con México y contextualiza la convivencia diaria que tenemos los mexicanos con ella, incluyendo los refranes y prácticas como los "diablitos" que se instalan para obtener el suministro eléctrico sin el pago debido y los cuales no son considerados por todos como corrupción, como tampoco lo hacemos cuando damos "propinas" por la recolección de basuras que es una obligación de los gobiernos municipales. Al mismo tiempo, Efrén Monrreal juega con las fórmulas que han emitido teóricos; como Robert Klitgaard para comprender los factores y fuerza de la corrupción, ofreciéndonos una nueva formulación de la corrupción y demostrando que se requiere un esfuerzo mayor para eliminar cualquier acto corrupto que la propia energía gastada en el brote de este.

Con gran acierto, el autor de este ensayo, corto en cuartillas, pero grande en reflexiones, plantea en *dilemas* la situación conflictiva y de necesidad a la que se enfrentan las personas, engarzando los dilemas con las teorías sobre la racionalidad de los comportamientos humanos y del cumplimiento de deberes personales y sociales; así, aparecen Elster, Paretto, y otros, para recordarnos que no es cuestión de un comportamiento individual puramente íntegro *per se*, sino que en la decisión de corromper o aceptar ser corrompido hay una cálculo razonado de nuestras necesidades y beneficios y un ambiente que determina nuestro entendimiento de la norma social. Corromper por necesidad debe ser una perspectiva obligada para las investigaciones y diseño de políticas públicas en países como el nuestro que han mostrado su incapacidad para hacer efectivos los derechos humanos consagrados en la Constitución Política, mediante una prestación efectiva de los servicios públicos.

La obra de Monrreal, se suma a algunas investigaciones recientes, como las de Oliver Meza y Elizabeth Pérez Chiques[7] que nos ofrecen nuevos marcos analíticos para comprender la corrupción en contextos específicos y no quedarnos con las directrices de los organismos internacionales que, o bien generalizan la problemática, o sus recomendaciones de carácter nacional son de difícil implementación en el ámbito local, donde se efectúa la convivencia cara a cara y, como nos dice Efrén Monrreal, es necesario separar ese *núcleo atómico*.

La visión diferente y cuestionadora ha sido una característica de Efrén Monrreal a quien tengo el agrado de conocer desde hace más de una década, cuando inició sus estudios de doctorado; esta obra no es la

7. Meza, O., & Pérez-Chiqués, E. (2021). Corruption consolidation in local governments: A grounded analytical framework. *Public Administration*, 99(3). Pérez-Chiqués, E., & Meza, O. (2021). Trust-based corruption networks: A comparative analysis of two municipal governments. *Governance*, 34(4). Gofen, A., Meza, O., & Pérez Chiqués, E. (2022). When street-level implementation meets systemic corruption. *Public Administration & Development*, 42(1).

excepción por lo que el lector puede iniciar con sorpresa su lectura y la terminará, tal vez, con más interrogantes sobre la vida misma de los humanos y su convivencia social pasándonos así la estafeta para *cavar más hondo* sobre las causas de la corrupción.

Zapopan, Jalisco, agosto de 2024.

Aimée Figueroa Neri

Investigadora de la Universidad de Guadalajara y
Exsecretaria Técnica de la Secretaría Ejecutiva
del Sistema Estatal Anticorrupción

I. Introducción: the storyseller

> Si solo tiene valor la víctima, si esta solo es un valor, la posibilidad de declararse tal es [...] una posición estratégica para ser ocupada a toda costa. La víctima es irresponsable, no responde de nada, no tiene necesidad de justificarse: es el sueño de cualquier tipo de poder.
>
> Daniele Giglioli
> (1972)

¿Cuál es la diferencia entre el corruptor y corrompido? Acaso alguno es la víctima. Mark Twain escribió en su libro de ensayos How to tell a Story, *Cómo contar un cuento*, que la palabra exacta para construir o definir algo debe ser la justa; es decir, "es la diferencia entre la luciérnaga y el relámpago" (Twain, 2010, p. 45). Por lo cual, no se trata de utilizar solo la percepción porque entonces tendremos oraciones largas y enrevesadas que desconciertan, tendríamos un ladrillo que terminaremos rechazando; porque la palabra es casi exacta pero no exacta.

Pero, ¿es realmente la corrupción una entidad tangible o es solo un constructo, una etiqueta que ponemos para dar sentido al caos que existe en la conducta del *Homo sapiens*? Si la corrupción es el producto del *Homo sapiens*, eso podría explicar en parte por qué ésta nunca llegó a formar una conducta de la sociedad del *Homo neandertal*; es decir, el hombre debió de corromper a otras especies[8] y hasta su propia humanidad[9] para lograr vencer a esos otros humanos; que eran más fuertes, bajos y robustos, pero dotados de cero tolerancia a la norma social de la

8. La corrupción es una sintomatología que aparece en otras especies; como en las abejas, algunos chimpancés y las hormigas (Manes, 2016).
9. Para el arqueólogo y paleoantropólogo Ludovic Slimak esta forma de corrupción primitiva (mezcla genética) del *Homo sapiens* hacia el *Homo neandertal* debió de haber sucedido cuando el primero instalo sistemáticamente

corrupción; por sus estructuras neurológicas singulares de comprensión del mundo, diferente a la de nuestros antepasados los *sapiens* (Slimak, 2024, p. 217).

La corrupción debió de haber comenzado como una narración breve, porque los *Homo sapiens* inventaron el lenguaje, descubrieron el fuego y, las fogatas, así que pensemos en un relato infantil para explicar de forma oral cómo se incumple una norma social en un grupo de personas, utilicemos para comenzar el cuento del escritor alemán Paul Maar (1937), pero en una versión corrupta[10] y también demos por hecho que nosotros hablamos y entendemos perfectamente el alemán. La historia comienza con Conrad, un muchacho, que es incapaz de ser corrupto, pero todos en su pequeña comunidad lo hacen; el padre, la madre, incluso Susana, su hermana pequeña, y la verdad es que:

> Conrad no puede [aceptar ser corrupto] porque su mundo consta de hechos [...] [y, un pequeño puñado de genes de neandertales. En lugar de aceptar un soborno, se limita a cerrar los ojos.] Cuando la madre le pide que le cuente [...] [cuánto dinero atesora], responde:
>
> Ayer fui al colegio. Primero tuvimos matemáticas, luego lengua, después biología y, para terminar, dos horas de gimnasia. Después me vine a casa e hice los deberes. Luego me senté un rato al ordenador y más tarde me fui a la cama, [pero no recuerdo haber aceptado ninguna rupia] (Byung-Chul, 2023, p. 42).
>
> El padre y la madre acaban por darse cuenta de que Conrad es incapaz [de ser corrompido]. Así que deciden mandarlo a la señorita Muhse, que fue la que también les enseñó [...] a ellos. Un día lluvioso Conrad va a casa de la señorita Muhse[, quien tiene un cargo público]. Ante la puerta lo recibe alegre una anciana de pelo cano y espesas cejas aún oscuras: «Vaya, ¿así que tus padres te mandan a mí para que aprendas a [ser corrupto]?». Por fuera la

a sus mujeres en el grupo de los neandertales, no existiendo una reciprocidad entre ambos (Slimak, 2024, pp. 193-227).

10. Quien desee leer *Die Geschichte vom Jungen, der keine Geschichten erzählen konnte* (La historia del niño que no podía contar historias), en su versión incorrupta, podrá consultarla en: https://www.zeit.de/2004/45/Geschichte_Maar

casa aparenta ser muy pequeña, pero en su interior hay un pasillo que parece no acabar nunca. La señorita Muhse le pone a Conrad un pequeño paquete [de dinero] en la mano y le pide que se lo lleve a su hermana, que está arriba. Señala una escalera estrecha. Conrad la sube. Pero la escalera parece prolongarse hasta el infinito. Conrad pregunta extrañado: «¿Cómo es posible? ¡Pero si he visto la casa por fuera, y tenía solo un piso! ¡Y ahora debemos de andar ya por lo menos por el séptimo!». Conrad se da cuenta de que está totalmente solo. De pronto, a su lado se abre en la pared una puerta baja. Una voz ronca dice: «¡Por fin atestás aquí! ¡Anda, date brisa y pasa aquí centro[, y dame el soborno]!». A Conrad le parece que todo está encantado. También el lenguaje se vuelve extraño y enigmático, [...]. Conrad mete la cabeza por la puerta. En la oscuridad reconoce una figura con forma de búho. Pregunta, aterrado: «¿Quién..., quién es usted?». «No seas tan cuzamaleroso. ¿O es que quieres hacerme esperar avinagradamente?», berrea el ser con forma de búho. Conrad se agacha y entra por la puerta. «¡Ahora ventea hacia abajo! ¡Que tengas un benito viaje!», se ríe entre dientes la voz. En ese mismo momento, Conrad se da cuenta de que el oscuro cuarto no tiene suelo, [porque la obra nunca se llevó a cabo]. Cae por un tubo a una velocidad vertiginosa. Inútilmente trata de aferrarse a las paredes del tubo. Siente como si se encontrara en el vientre de un gran animal que se lo hubiera tragado. Finalmente sale escupido justo a los pies de la señorita Muhse: «¿Qué has hecho con el paquetito?», pregunta enojada. «Debo de haberlo perdido por el camino», responde Conrad. La señorita Muhse mete la mano en el bolsillo de su vestido negro y vuelve a sacar un pequeño paquete. Conrad juraría que es exactamente el mismo paquete que le había dado antes. «Toma», dice la señorita Muhse malhumorada. «Haz el favor de llevárselo abajo a mi hermano». «¿Al sótano?», pregunta Conrad. «¡Qué disparate!», dice la señorita Muhse. «Lo encontrarás en la planta baja. ¡Ya sabes que aquí arriba estamos en el séptimo piso! ¡Ve ya de una vez!». Conrad baja con precaución la estrecha escalera. De nuevo parece prolongarse ilimitadamente. Tras descender cien peldaños, Conrad llega a un lúgubre pasillo. «¿Hay alguien?», pregunta, indeciso. Nadie responde. Conrad lo intenta de nuevo y pregunta: «¡Hola, señor Muhse! ¿Me escucha?». De pronto, a su lado se abre una puerta. Una voz cascada dice: «Claro que te embucho. ¡No estoy tordo! ¡Centra deprisa!». En el cuarto oscuro hay alguien sentado que parece un castor y está fumando un puro. El ser con aspecto de castor pregunta: «¿A qué estás descartando? ¡Encentra de una vez!». Conrad entra titubeando. De nuevo cae por las oscuras entrañas de la casa. Y otra vez vuelve a salir escupido a los pies de la señorita Muhse. Ella da una honda calada a un puro fino y dice: «Conociéndote, seguro que no has entregado el paquetito». «No», responde Conrad envalentonado. «Yo no he venido aquí a entregar paquetes, sino a aprender a [ser corrupto]». «¿Cómo quieres que le enseñe a [ser corrupto] a un muchacho que ni siquiera sabe subir la escalera con un paquete? Es mejor que te vayas a casa, no tienes remedio», dice resuelta la señorita Muhse. Le abre una puerta que hay a su lado en la pared. «Buen guiaje y que te vaya sien», dice empujando a Conrad hacia abajo. De nuevo vuelve a caer por las inacabables espirales de la casa. Pero esta vez no cae delante de la señorita Muhse, sino directamente delante de la casa de sus padres. Estos todavía están sentados desayunando con la hermana pequeña.

[...] Conrad entra corriendo en el cuarto y dice todo excitado: «Tengo que contaros algo. No os podéis imaginar lo que me ha sucedido...». De pronto el mundo ha dejado de ser explicable para Conrad. Ya no consta de hechos objetivos, sino de sucesos que son inasequibles a toda explicación, [...]. En Conrad se ha producido [la corrupción] que lo convierte en miembro de la pequeña comunidad. El padre y la madre se miran dichosos. «¿Ves como sí?», dice la madre, y escribe en el papel [...][entregar paquetito a la señorita Muhse], (Byung-Chul, 2023, p. 42-45), [énfasis añadido].

Pero, ¿por qué contar la historia corrupta de Conrad? Porque debemos observar que el pequeño Conrad ha crecido y ahora es un funcionario que ha hecho "misuse of entrusted power for private gain" (uso indebido del poder que se le ha confiado para beneficio privado) (UNDP, 2008, p. 7); puesto que para proporcionar electricidad a un pueblo, ha solicitado a los habitantes de dicha plaza sobornos; es decir, el mundo de los hechos para Conrad, recordemos, ha cambiado; su manera de actuar, se ha convertido en un pensamiento automático, la corrupción es común en su comportamiento y lo será hasta que exista una situación novedosa[11] que lo lleve a pensar voluntariamente sobre su conducta y

11. Y, no de trauma (o vergüenza) porque Conrad asumiría, quizá, la actitud de víctima de la que nos habla el profesor Daniele Giglioli (1972):
La víctima es el héroe de nuestro tiempo. Ser víctima otorga prestigio, exige escucha, promete y fomenta reconocimiento, activa un potente generador de identidad, de derecho, de autoestima. Inmuniza contra cualquier crítica, garantiza la inocencia más allá de toda duda razonable. ¿Cómo podría la víctima ser culpable, o responsable de algo? La víctima no ha hecho, le han

revaluar sus actitudes y modelos mentales sobre el uso del poder que se le ha confiado (World Bank Group, 2015, pp. 60-61).

La situación novedosa de la que hablamos deberá ser una contramedida que cale hondo en la estructura neurológica de Conrad, en la comprensión con la que ve al mundo; por ejemplo, Conrad, ya no el personaje de Paul Maar, en el mundo moderno y real, es un funcionario indio que se ha enfrentado a la observación de una mujer que al momento en que Conrad le exigió un soborno, ésta ha sacado de su bolsa un billete de cero rupias y se lo ha entregado. Al recibirlo, Conrad se quedó atónico; porque, de golpe, recuperó la parte no corrupta de su humanidad y, acto posterior, regresó todos los sobornos recibidos que había solicitado para proporcionar electricidad a un pueblo. Contramedidas como esta se deben a *5th Pillar* (5.º Pilar), una organización no gubernamental (ONG) que creó un billete de cero rupias en la India con la inscripción "*I promise to neither accept nor give a bribe*. Prometo no aceptar ni dar sobornos" (World Bank Group, 2015, p. 60), véase ilustración 1.

En el relato breve, la versión corrupta del cuento de Paul Maar, Conrad no sufre ningún desprecio por parte de la señorita Muhse. Conrad, no se oculta de nadie por jugar al juego de la entrega de paquetitos, por el contrario, cae alegre delante de la casa de sus padres, sabiendo que está corrompido, sin saber que violó una norma social. Solo su pequeña comunidad lo sabe, cuenta la historia al final, porque su madre ha escrito en un papel: "entregar paquetito a la señorita Muhse". Se trata del pago por corromper a Conrad quien nunca supo el contenido de los paquetitos que la señorita Muhse le entregaba. De haberlo abierto Conrad se habría encontrado con lo siguiente:

> hecho; no actúa, padece. En la víctima se articulan carencia y reivindicación, debilidad y pretensión, deseo de tener y deseo de ser. No somos lo que hacemos, sino lo que hemos padecido, lo que podemos perder, lo que nos han quitado, (Giglioli, 2020, p.11) [énfasis añadido].

Ilustración 1. Billete de cero rupias, anverso y reverso, herramienta para ayudar a los indios a alcanzar el objetivo de cero tolerancia a la corrupción, idea y billete creados por la ONG india el 5.º Pilar.

II. Cuando la corrupción es la norma social

Según el Breve diccionario etimológico de Joan Corominas, el uso de la palabra corrupción está documentado desde 1438. Viene del latín corruptio. En cambio, morder lo está desde 1220 y viene del latín mordere.

Según el Diccionario etimológico indoeuropeo de Edward A. Roberts y Bárbara Pastor, la raíz indoeuropea de corromper (reup 'arrebatar') es la misma de romper, interrumpir y usurpar. La de morder es mer—'dañar'.

Gabriel Zaid

(1934)

¿Habrá una respuesta para acabar con la corrupción? O quizá la respuesta se encuentra en el horizonte cosmológico; es decir, la solución se localiza "más allá de lo cual no vemos nada porque la luz no ha tenido tiempo de llegar hasta nosotros" (Alcubierre y de Régules, 2024, p. 103). Si la respuesta es sí, entonces debemos repensar la corrupción y abordarla desde el espacio-tiempo, repensar la idea, talvez matemáticamente. Hasta ahora solo hemos esbozado fórmulas en dos dimensiones: un tiempo y una dimensión, véase la ilustración 2, pero esto no es realista porque "la corrupción es principalmente una cuestión de gobernanza, un desafío para el funcionamiento democrático. Es un fracaso tanto de las instituciones como del marco más amplio de controles y equilibrios sociales, judiciales, políticos y económicos necesarios para gobernar eficazmente" (UNDP, 2008, p. 5),[12] además porque "el espacio-tiempo tiene

12. Traducción propia de "*Corruption is principally a governance issue, a challenge to democratic functioning. It is a failure of both institutions and the larger framework of social, judicial, political and economic checks and balances needed to govern effectively*".

cuatro [dimensiones]: tres de espacio y una de tiempo" (Alcubierre y de Régules, 2024, p. 103).

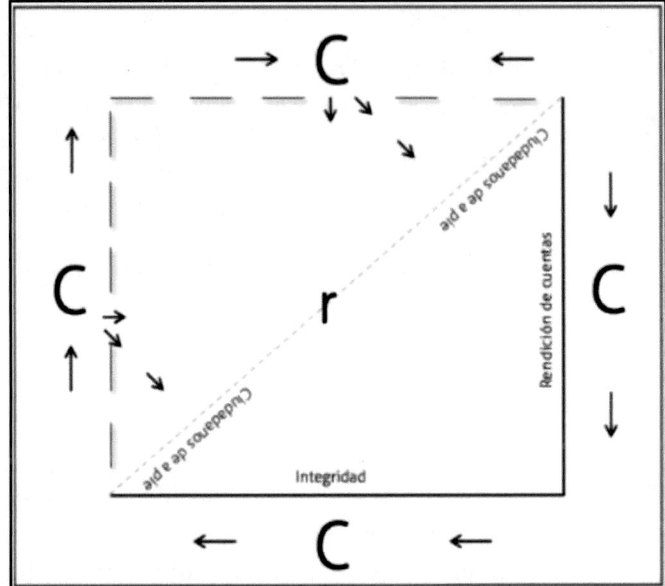

Ilustración 2. La rendición de cuentas (r) vista como un concepto teórico de dos (dimensiones o) lados.

La letra C representa a la corrupción, entidad tangible o constructo, cuyo movimiento es capaz de contrarrestar y dañar la pared celular de r por la ausencia de una r^2, véase ilustración 3, provocando en primer lugar el daño de corromper a los ciudadanos de a pie que sostienen la base de la pirámide de una comunidad o Estado. Las flechas de la izquierda, derecha, superior e inferior representan el movimiento de C al entrar en lucha contra r, en todo caso C siempre preferirá ir en la dirección izquierda para lograr un equilibrio de la corrupción y entrar a r.

II.1. Tiempo: repensar la idea

Es, a partir de una definición estrecha; "el uso indebido del poder, cargo o autoridad pública en beneficio privado, mediante soborno, extorsión, tráfico de influencias, nepotismo, fraude, dinero rápido o malversación de fondos" (UNDP, 2008, p. 7), que hemos pasado a sentir la fuerza 2 g, que se experimenta en una la caída libre; la experiencia es violenta, pero ahora sabemos que la corrupción: designación amplia, es el "uso indebido del poder que se le ha confiado para beneficio privado" (UNDP, 2008, p. 7) y, las formas más comunes de las conductas sociales, desviadas, o tipos de corrupción que podemos observar en la Modernidad tardía[13] son:

a) El soborno,

b) El fraude,

13. Para el filósofo surcoreano Byung-Chul Han (1959), a diferencia de la Modernidad:

> [...], con sus narrativas de futuro y de progreso, con su nostalgia de *una forma de vida distinta*, la Modernidad tardía ya no conserva nada del *pathos* revolucionario de lo nuevo ni del entusiasmo por volver a comenzar desde el principio. En ella no se tiene la sensación de que algo esté eclosionando. Por eso declina y se limita *a seguir como hasta ahora*, cayendo en la *falta de alternativas*. Se le han quitado *las ganas de narrar, las ganas de una narrativa que transforme el mundo. Storytelling* significa, antes que nada, comercio y consumo. El *storytelling*, como *storyselling* o *venta de historias*, no aporta ningún poder transformador de la sociedad. La extenuada Modernidad tardía desconoce la «sensación de comienzo», el énfasis en «empezar desde cero». No nos «confesamos partidarios» de nada, sino que, por comodidad, lo que hacemos siempre es *condescender*. Sucumbimos a la *conveniencia* o al «me gusta», para lo que no hace falta ninguna narrativa. La Modernidad tardía carece de toda nostalgia, de toda visión, de toda lejanía. Por eso carece totalmente de aura, es decir, *de futuro* (Byung-Chul, 2023, pp. 34-35), [énfasis en el original].

c) El blanqueo,

d) La extorsión,

e) La comisión,

f) El tráfico de influencias,

g) El clientelismo,

h) El nepotismo,

i) El mecenazgo,

j) El uso de información privilegiada,

k) El dinero rápido,

l) La malversación, y

m) El abuso de la propiedad pública.[14]

Pero, esperemos, paremos un poco la caída libre y pensemos en la teoría especial de la relatividad filosófica, es decir, todo es relativo y si todo es relativo a algo, no en el sentido de la teoría de los invariantes, claro, entonces comencemos por repensar que tan solo en México abundan los mexicanismos relacionados con la corrupción, tales como:

> [...] aceitar, agandallar, arreglarse, aviaduría, busca, cachirul, carrancear, charolear, chayote, chueco, cochupo, coyote, diablito, embute, enjuague, entre, fayuca, huachicol, hueso, maicear, mapache, moche, mordida, pitufeo, prestanombres, repartir el queso, salpicar, transa, [palanca, compadrazgo, morder].
>
> Algunos son sumamente especializados. El diablito es una conexión eléctrica tramposa para robarse la luz. El embute es un pago a los periodistas para que su reportaje sea favorable. El pitufeo consiste en dividir una transacción bancaria grande en muchas pequeñas para lavar dinero sin llamar

14. Para una definición de los tipos más comunes de corrupción, véase el *United Nations Development Programme* (UNDP, siglas en inglés) 2008, Programa de las Naciones Unidas para el Desarrollo.

la atención. Muchas otras palabras, como clientelismo, cohecho, nepotismo, soborno, tráfico de influencias y venalidad se usan en México, pero no son mexicanismos (Zaid, 2019, p. sn).

Y, si abundan los mexicanismos, ¿cuántos extranjerismos no existen?, ¿cuántos tipos de corrupción no se incluyen en el *United Nations Development Programme*, Programa de las Naciones Unidas para el Desarrollo? Como los conceptos: ruso, chino, estadounidense y británico; *blat, guānxi, networking* (*good ol' boy network*), y *old school tie* (*good boy network*), respectivamente, y que son ejemplos de lo que podemos considerar como una diferencia cultural entre países en términos de conductas hacia los lazos personales; todo es relativo con respecto a algo y ese algo es el país y sus normas sociales, sea corrupción tradicional o moderna.

La siguiente tabla 1 muestra las diferentes concepciones de la corrupción en términos de sus actitudes hacia los lazos personales de cinco países. Y se ha tomado en consideración el entorno político en donde tengan lugar las referidas conductas, para situarlas en la escala creada por el politólogo Arnold J. Heidenheimer, tipología de los tres colores de la corrupción, en donde:

> [...] la "corrupción negra" indica que, en ese contexto, esa acción en particular es una que un consenso mayoritario de la opinión de la élite y de las masas condenaría y querría ver castigada por razones de principio. La "corrupción gris" indica que algunos elementos, generalmente las élites, pueden querer que la acción sea castigada, otros no, y la mayoría puede ser ambigua. La "corrupción blanca" significa que la mayoría de la opinión pública, tanto de la élite como de las masas, probablemente no apoyaría vigorosamente un intento de castigar una forma de corrupción que consideran tolerable. [15]

15. Traducción propia de "[...] *"black corruption" indicates that in that setting that particular action is one which a majority consensus of both elite and mass opinion would condemn and would want to see punished on grounds of principle. "Gray corruption" indicates that some elements, usually elites, may want to see the action punished, others not, and the majority may well be am-*

Y, "[...] bajo el convencimiento de que para resolver cualquier problema el primer paso es designarlo" (Mesa, 2021, p. 11), el segundo es no rogar por la ayuda sobrenatural, sino reconocer el error para superarlo y desvanecer la duda a tiempo, es decir, al señalar que la corrupción tiene un sentido amplio, más allá de una zona blanca o negra; definición estrecha, es el reconocer la existencia entre estas de un espacio que dificulta su combate; la zona gris la cual posee factores: intensidad, tolerancia y percepción, propios de cada cultura.

Así, el problema que se presenta en la zona gris, además de factores culturales y de las distintas definiciones existentes, por las diversas jurisdicciones en el mundo, es que como todo agujero negro, una vez que su fuerza de gravedad atrapa algo, se corre el riesgo de (capturar o) describir toda la clase de relaciones entre las personas como actos de corrupción, aun la amistad (Holmes, 2019). Incluso en la física un agujero negro de mayor masa puede tragarse a otro de menor, cuando son iguales estos se fusionan creando uno de mayor masa con una singularidad monstruosa en su centro (Alcubierre y de Régules, 2024, p. 195), sucede lo mismo con el fenómeno de la corrupción, actos corruptos menores pueden atragantarse de la corrupción rutinaria y estos a la corrupción agravada o negra, como el caso del gobernador mexicano Javier Duarte[16].

Al acercarnos al horizonte de los eventos de la corrupción debemos ser precavidos, como el físico Frans Pretoruis (1973); comenzar desde cero, pero con todo lo aprendido en la conciencia y así encontrar la solución al problema de la corrupción; debemos repensar o reescribir la zona gris de los actos de corrupción, incluso creando artefactos, he-

biguous. "White corruption" signifies that the majority of both elite and mass opinion probably would not vigorously support an attempt to punish a form of corruption that they regard as tolerable".

16. Para una descripción del caso de Javier Duarte; corrupción agravada, véase González, O., y Hevia, F. (2017).

rramientas, simuladores algorítmicos que nos auxilien a entender sus causas y efectos, curarnos de la intoxicación de las ideologías simplistas y simplificadoras; como el crear un concurso para que la colectividad reflexione sobre la corrupción o el creer que la transparencia significa poner a las personas con poder dentro de una caja de cristal; porque la confianza,

> [...] que produce espacios libres de acción, no puede suplantarse simplemente por el control: «Los hombres tienen que creer y confiar en su gobernante; con su confianza *le conceden una cierta libertad de acción y renuncian a un constante examen y vigilancia. Sin esa autonomía, de hecho no podría dar ningún paso*».
>
> La confianza solo es posible en un estado medio entre saber y no saber. Confianza significa: a pesar del no saber en relación con el otro, construir una relación positiva con él. La confianza hace posibles acciones a pesar de la falta de saber. Si lo sé todo de antemano, sobra la confianza. La transparencia es un estado en el que se elimina todo no saber. Donde domina la transparencia, no se da ningún espacio para la confianza. En lugar de «la transparencia produce confianza» debería decirse: «la transparencia deshace la confianza». La exigencia de transparencia se hace oír precisamente cuando ya no hay ninguna confianza. En una sociedad que descansa en la confianza no surge ninguna exigencia penetrante de transparencia. La sociedad de la transparencia es una sociedad de la desconfianza y de la sospecha, que, a causa de la desaparición de la confianza, se apoya en el control (Byung-Chul, 2013, pp. 91-92), [Énfasis añadido].

Para sanar lo que tenemos que comprender no es el mexicano, sino más bien lo mexicano. Y el caso mexicano es, que sus instituciones, sus hombres públicos, su organización política y social, sus normas sociales, su vida cultural y académica está corrompida por el espíritu de su época (*Zeitgeist*), el cual casi ha sido devorado por un agujero negro.

Ver tabla 1 en las siguientes tres páginas:

Tabla 1. Diferentes concepciones de la corrupción: una diferencia cultural entre países en términos de sus actitudes hacia los lazos personales.

País:	México	Rusia	China	Estados Unidos de América	Reino Unido
Término:	Compadrazgo / Amiguismo	блат / Blat	Guānxi / Guanxi	Networking / Good ol' boy network	Old school tie / Old boy networks
Tipología:	[...] se trata de utilizar las conexiones o afinidades entre dos o más personas para obtener beneficios; en dónde, generalmente, el "padre" y el compadre" -sobre la base del "hijo" o "ahijado"- utilizan esa relación creada para favores, negocios, prebendas, a través de nuevas "estructuras" (Lévi–Strauss) y relaciones de poder [...] (Picardo, 2024, p. sn).	El significado del término ruso se ha ido modificando en los últimos años, pero en la época soviética hacía referencia a acuerdos informales entre personas para ayudarse mutuamente a través de intercambios no monetarios; por lo tanto, está cerca del concepto de trueque y era un mecanismo para salir adelante en un sistema en el que había gran escasez de bienes de consumo, tanto duraderos como perecederos.	[...] guanxi también hace referencia a entre los egresados de las escuelas privadas inglesas. [N. de la t.] relaciones que se establecen entre individuos o grupos, y que incluyen obligaciones mutuas, posiblemente a largo plazo, y reciprocidad. una amistad o una relación profesional con una persona china, a la que busco ayudar de alguna manera; luego, esa	El concepto cada vez más popular de networking implica la creación de lazos informales con el fin de obtener beneficios para los participantes. Si cultivo la relación con alguien a quien conocí en una convención de negocios o un congreso académico con el objetivo último de obtener ventajas de ese contacto, estoy intentando influir en esa persona con base en una relación (quizá débilmente desarrollada), más que en mis calificaciones. En consecuencia, aunque éste	[...] el concepto británico de old school tie o "viejos lazos escolares" es ampliamente criticado: personas que quizá nunca se han encontrado y que sin embargo se privilegian mutuamente con base en el hecho de que asistieron a un grupo de élite de escuelas en el Reino Unido. Imaginemos que A, B y C asistieron a escuelas públicas (así se llaman en el Reino Unido a las escuelas privadas más elitistas). C está buscando empleo y conoce a B, quien convence a A —que nunca ha conocido a C- de que le ofrezca un puesto, a pesar de que C

		Así, un agricultor podía haber acordado con un electricista el proporcionarle huevos y pollo durante un año a cambio de rehacer la instalación eléctrica de su vieja casa. Pero mientras que el trueque es simplemente una forma de intercambio, blat implica el desarrollo de relaciones personales entre los participantes, ante todo la confianza y un sentido de reciprocidad (Holmes, 2019, p. sn).	persona se siente obligada a devolver el favor en algún momento en el futuro, Yo puedo desarrollar tal vez muchos años más tarde... pero no olvidará que me debe un favor (Holmes, 2019, p. sn).	es probablemente el menos criticado de los cuatro tipos de relación informal analizados aquí, también puede ser visto como una forma de corrupción si adoptamos una definición muy amplia del término. Muchos rechazarían la idea de que el networking tiene algo en común con la corrupción [...] (Holmes, 2019, p. sn).	no es la persona más calificada para ese puesto. De los cuatro tipos de relaciones informales que estamos considerando aquí, los "viejos lazos escolares" son el más excluyente: si no asistí a una de las escuelas de élite, no hay manera de que pueda entrar alguna vez al grupo. Ésta es una distinción importante entre los primeros tres tipos de relaciones y éste, que es el más cercano a ser considerado una forma de corrupción (Holmes, 2019, p. sn).
Característica en común 1:	[...] la creación de un grupo "de adentro" y uno "de afuera", con privilegios para los de adentro. (Holmes, 2019, p. sn).	[...] la creación de un grupo "de adentro" y uno "de afuera", con privilegios para los de adentro. (Holmes, 2019, p. sn).	[...] la creación de un grupo "de adentro" y uno "de afuera", con privilegios para los de adentro. (Holmes, 2019, p. sn).	[...] la creación de un grupo "de adentro" y uno "de afuera", con privilegios para los de adentro. (Holmes, 2019, p. sn).	[...] la creación de un grupo "de adentro" y uno "de afuera", con privilegios para los de adentro. (Holmes, 2019, p. sn).
Característica en común 2:	Vista como un acto corrupto por algunos miembros de la sociedad	Vista como un acto corrupto por algunos miembros de la sociedad	Vista como un acto corrupto por algunos miembros de la sociedad	Vista como un acto corrupto por algunos miembros de la sociedad	Vista como un acto corrupto por algunos miembros de la sociedad

Tipo de la definición:	Amplia.	Amplia.	Amplia.	Amplia.	Amplia.
Interpretación cultural	Corrupción occidental (punto de vista cultural); económica o moderna	Corrupción occidental (punto de vista cultural); económica o moderna	Corrupción asiática; social o tradicional	Corrupción occidental (punto de vista cultural y político); económica o moderna	Corrupción occidental (punto de vista cultural y político); económica o moderna
Comprensión común de la corrupción	En menor grado es vista por la sociedad.	En menor grado es vista por la sociedad.	En menor grado es vista por la sociedad.	En menor grado es vista por la sociedad.	En mayor grado es vista por la sociedad.
Clasificación de la corrupción según Arnold J. Heidenheimer (Heidenheimer, 2011, p. 152).	Corrupción gris	Corrupción gris	Corrupción gris	Corrupción gris	Corrupción gris
Intensidad (Heidenheimer, 2011, pp. 150-152).	Corrupción menor pero que puede transitar a la corrupción rutinaria	Corrupción menor pero que puede transitar a la corrupción rutinaria	Corrupción menor pero que puede transitar a la corrupción rutinaria	Corrupción menor pero que puede transitar a la corrupción rutinaria	Corrupción menor pero que puede transitar a la corrupción rutinaria
Tolerancia y percepción (Heidenheimer, 2011, pp. 150-152).	Existe un %	Existe un %	Existe un %	Existe un %	Existe un %

Tabla 1. Las diferentes concepciones de la corrupción: una diferencia cultural entre países en términos de sus actitudes hacia los lazos personales. Elaboración propia a partir de la lectura de Holmes (2019), así como de Heidenheimer (2011).

II.2. Espacio. La primera dimensión: la fórmula

> [Solo el investigador] cava más hondo que ningún otro y no vuelve a la superficie. Solo quien cava hondo lo puede escuchar.[17]
>
> Karl Kraus
>
> (1874-1936)

$L = MV^2$, es la ecuación de la física más conocida a nivel popular; la equivalencia masa-energía, y es casi imposible que no recordemos a la persona que la inventó[18], pero también Einstein es famoso por sus experimentos pensados (Bodanis, 2020), así que vamos a repensar la fórmula del profesor Robert Klitgaard. ¿Y quién es Klitgaard? Otra persona que inventó otra ecuación, sencilla, pero que lo hizo en dos dimensiones, es decir, invento la fórmula para señalar cómo disminuir la corrupción pensando en forma binaria; o la corrupción es una cosa blanca o negra, entregando así a los ciudadanos de a pie la siguiente ecuación que sería benéfica para la sociedad:

$C = (m+d)-r$ [19]

17. Aforismo citado y traducido del alemán por Villoro con relación a la búsqueda de la ciencia y, el abandono de la barbarie del *Homo sapiens* (2005, p. 58).
18. En realidad, la fórmula más conocida de la física es otra, que fue reescrita (o repensada) por Albert Einstein (1879-1955), tan solo a unos días después de entregar el borrador de su artículo de treinta y tantas páginas; la teoría de la relatividad, a los *Annalen der Physik*. Y, justo, cuatro párrafos antes de finalizar el apéndice enviado, expone su conjetura. "Había nacido así la ecuación $E = mc^2$"; septiembre de 1905, (Bodanis, 2020, p. 204).
19. Donde:
 C = corrupción,
 m = monopolio,
 d = discrecionalidad, y
 r = rendición de cuentas.

Pero, la fórmula no convencía del todo a los académicos (UNDP, 2008, p. 11), porque la ecuación de Klitgaard no "analizaba los sistemas en términos de su vulnerabilidad a la corrupción" y a su vez "la competencia es menos vulnerable a la corrupción que el monopolio", con la independencia de si se trata del ámbito público o privado (UNDP, 2008, p. 11),[20] así que en el *Source Book on Accountability, Transparency and Integrity* (libro de consulta sobre rendición de cuentas, transparencia e integridad), la fórmula fue modificada para quedar de la siguiente forma:

C = (m+d)-(r+i+t) [21]

Y, un poco parecida a la fórmula anterior pero que se podría mejorar sería la siguiente: $C = (m+d)-r^2$, porque así se puede establecer que la rendición de cuentas representa más ámbitos, no solamente la i y t. Para ser exacto r tiene cuatro caras: rendición, transparencia, integridad y la evidencia de la conducta desplegada por el agente. En la rendición de cuentas no deben existir zonas oscuras, por lo cual en este trabajo la r se representa como r^2, véase la ilustración 3, porque r en dos dimensiones solo muestra dos caras; i y t, insuficientes hasta ahora para dar respuesta al problema.

20. Traducción propia de "*This formula analyzes systems in terms of their vulnerability to corruption. Regardless of whether it is in the private sector or public sector, competition is less vulnerable to corruption than monopoly*".

21. Donde:
^{i} = integridad, y
^{t} = transparencia.

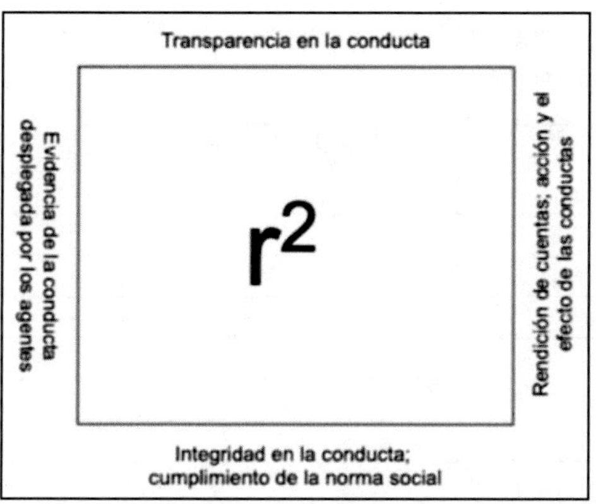

Ilustración 3. La rendición de cuentas (r^2) vista como un constructo teórico de cuatro lados.

Donde la suma de todos sus lados es igual a la eficacia y eficiencia de r, por tal razón el tener presente una rendición de cuentas distinta sería cualquier cosa menos la r^2. Elaboración propia.

Además, para nosotros, aunque Klitgaard, pensó desde cero, lo que es bueno en principio, pero en segundo lugar puede llevar a ser abstruso, si no se es precavido, y Klitgaard olvidó tomar en consideración al abuelo de los estudios comparativos sobre la corrupción; al profesor Arnold J. Heidenheimer, quien advirtió dos distinciones útiles entre los ciudadanos comunes y las élites; la forma en que a veces se perciben los fenómenos y los enfoques de la corrupción a partir del cargo público, los mercados y el interés público, de haberlo previsto Klitgaard su ecuación podría haber sido la que presentamos en este trabajo de investigación a continuación:

$$C = \frac{[(m+d)-r^2][I+T+(p/180)]}{(m+d)-r^2}$$ [22]

22. Donde; r^2, *I*, *T*, p y 180, se refieren a lo siguiente, en la nueva ecuación:
r^2 = la rendición de cuentas vista como un constructo teórico de cuatro lados, véase la ilustración 3,
^{I}= intensidad,
^{T}= tolerancia, y

En el ejemplo siguiente se muestra la sustitución de los valores de la expresión matemática:

Ecuación de la corrupción		
Términos	Escala	Valor
m	1 al 8	8
d	1 al 8	8
r^2	1 al 4	2
I	0 o 1	1
T	0 o 1	1
p	1 a 180	126
Donde, ejemplo A es:		
$C = \frac{[(m + d) - r^2][I + T + (p/180)]}{(m + d) - r^2}$		
$C = \frac{[(8 + 8) - 2^2][1 + 1 + (126/180)]}{(8 + 8) - 2r^2}$		
$C = \frac{[16 - 4][1 + 1 + 0.70]}{16 - 4}$		
$C = \frac{[12][2.70]}{12}$		
$C = \frac{32.4}{12}$		
C = 2.7		

Tabla 2. Desarrollo de la expresión matemática: $C = \frac{[(m + d) - r^2][I + T + (p/180)]}{(m + d) - r^2}$.

En el ejemplo A, los términos: m, d, r^2, *I*, *T*, y p, se muestran con los valores máximos siguientes, respectivamente, 8, 8, 2, 1, 1, y 126, considerando que 8 es valor máximo otorgado para m y d, en una escala de 1 al 8, asimismo 2 para r^2, considerando que en x país r^2 solo está

p = lugar que ocupa x jurisdicción en el IPC de Transparencia Internacional.
180 = es la constante que representa el número total de las jurisdicciones (países) que integran el indicador IPC de Transparencia Internacional, el cual podrá variar en el tiempo.
IPC = Índice de Percepción de Corrupción.

presente con 2 de sus 4 caras, véase ilustración 2. Y en cuanto a *I* y *T* se les asigna un valor entre 0 o 1, considerando que 0 significa que la corrupción no es intensa y 1 que la corrupción es intensa en x lugar. El valor de p es 126, que representa el lugar que ocupa un país en el IPC de Transparencia Internacional.

La expresión matemática $C = \frac{[(m + d) - r^2][I + T + (p/180)]}{(m + d) - r^2}$ no significa la respuesta a un determinado problema o la solución a la violación a determinada norma social; a diferencia de la fórmula de C = (m+d)-r, que muestra que la herramienta r puede "disminuir" la corrupción, la nuestra no solo plantea una revisión del término r, sino que lo expresa en la totalidad de sus dimensiones r^2, como puede verse en la ilustración 3. Así, conocido el antecedente de la ecuación, este debe ser multiplicado por un factor: el consecuente llamado factor del impacto social de la corrupción, el resultado no solo se refiere a que existe corrupción en un lugar determinado, sino que arroje además el valor de la corrupción en sus cuatro (4) dimensiones, es decir, si x sabe que la corrupción es mayor a r^2, C = [16-4], entonces, que tanta energía necesita x para eliminar la corrupción: C = 32.4 / 12, en nuestro ejemplo, se necesitan 2.7 veces más de esfuerzo por cada acto de corrupción.

II.3. Espacio. La segunda dimensión: la norma social

> El soborno se llama "morder". Los burócratas roen sus huesos (los empleos públicos). Y en un mundo de chingones, de relaciones duras, presididas por la violencia y el recelo, en el que nadie se abre ni se raja y todos quieren chingar, las ideas y el trabajo cuentan poco. Lo único que vale es la hombría, el valor personal, capaz de imponerse.
>
> Octavio Paz
>
> (1914-1998)

Antes de comenzar con el significado de una norma social citemos un ejemplo de la corrupción sistemática, el cual es dicho por Klitgaard en una entrevista realizada por Alconada, y que nos servirá más adelante:

> Si tengo que pagar un soborno para que mi madre entre en un asilo, me levanto por la mañana y digo: "Carajo, odio esta corrupción", pero a mediodía lo pago. Lo pago porque es necesario que ella duerma esa noche en el asilo. Y después, tomando una cerveza con amigos, les diré: "¡Qué pena que nuestra cultura esté así!" (Alconada, 2022).

Pero, en realidad, ¿se trata de la cultura o la estructura, que obliga a pagar o debemos entender que se trata de un modo de pensar?, o es la forma en que se aprende a solucionar un dilema en un contexto cultural determinado; es decir, el pensar rápido para solucionar el dilema de enfrentar el deber personal de ayudar a la madre y el deber de la norma social, sea cual fuere la respuesta última, es que al final quedará en la conciencia un resultado residual: el descontento. Y esa insatisfacción propia (y en suma; colectiva) implica trastornar algo: el equilibrio de la corrupción. Pero, primero comencemos a comprender la dimensión de una norma social y luego, amotinémonos en contra de la corrupción.

Así, la siguiente tabla 3 muestra las características, similitudes y discrepancias entre tres enfoques: los autores[23] de la TER-e (teoría de la Elección Racional estándar), la filósofa Cristina Bicchieri (1950) y el filósofo y político noruego Jon Elster (1940), con relación al tratamiento del fenómeno que habitualmente denominamos norma social.

Ver tabla 3 en las siguientes cuatro páginas:

23. Ulman Margalit, E., Coleman, J., y Linares, F., citado por Tena-Sánchez y Guell-Sans (2011).

LAS NORMAS SOCIALES. Características, similitudes y discrepancias, entre tres perspectivas.			
Enfoque:	La Teoría de la Elección Racional	Las normas morales y sociales en la clasificación de C. Bicchieri	Las normas morales, cuasi-morales y sociales en la obra de Jon Elster
Concepto:	[...] una norma social es, en primer lugar, un tipo de regularidad de conducta en el nivel macro (Linares 2007). La regularidad de conducta es, por tanto, un elemento constitutivo de las normas sociales. Si no hay regularidad de conducta no puede hablarse de la existencia de una norma. Obviamente, la existencia de regularidad de conducta no es suficiente para que se dé una norma, de lo contrario nos veríamos obligados a aceptar la conclusión contraintuitiva de tener que denominar norma a regularidades socialmente extendidas, como comer cada mediodía o dormir cada noche. La norma social es primordialmente una característica de la estructura de interacción, no un estado mental interno de los individuos. Ésta se manifiesta en la forma de regularidad de conducta y de ejecución de sanciones	[...] existen cuatro condiciones que son individualmente necesarias y conjuntamente suficientes para –y por tanto, constitutivas de– la existencia de una norma social. Éstas son: contingencia, expectativas empíricas, expectativas normativas y preferencias condicionales. Condiciones para la existencia de una norma social sea R una regla de conducta para situaciones del tipo S, donde S puede representarse como un juego mixed-motive. Decimos que R es una norma social en una población P si existe un subgrupo suficientemente amplio Psc ⊂ P, de modo que para cada individuo i ∈ Psc: 1. Contingencia: i sabe que la regla R existe y que se aplica a situaciones del tipo S; 2. Preferencia condicional: i prefiere cumplir con R en situaciones del tipo S a condición de que:	Tanto las normas cuasi-morales como las sociales son condicionales. Las cuasi-morales son condicionales respecto a la conducta de otros agentes, las sociales lo son respecto a su presencia (Elster 2007:104). Un agente se halla motivado por una norma cuasimoral cuando está motivado para cumplir si, y sólo si, los demás también lo hacen. En cambio un agente se halla motivado por una norma social cuando se encuentra motivado para cumplir si, y sólo si, existen otros agentes que pueden observar o descubrir su incumplimiento. De forma más precisa, las normas sociales son: [...] mandatos no orientados al resultado para actuar o para abstenerse de hacerlo, sostenidos por las sanciones que otros aplican a los violadores de la norma. Estas sanciones,

	(Linares 2007). Por tanto, ¿a qué se reduce ontológicamente, en el nivel micro, la propiedad macro en que consiste una norma? A acciones individuales similares, o sea, a una regularidad de conducta de un cierto tipo (Tena-Sánchez y Guell-Sans, 2011, p. 564).	2a. Expectativas empíricas: i cree que un subgrupo suficientemente amplio de P cumple con R en situaciones del tipo S; 2b. Expectativas normativas: i cree que un subgrupo suficientemente amplio de P espera que i cumpla con R en situaciones del tipo S; o 2b'. Expectativas normativas con sanciones: i cree que un subgrupo suficientemente amplio de P espera que i cumpla con R en situaciones del tipo S, prefiere que i cumpla y puede sancionar la conducta [...] (Tena-Sánchez y Guell-Sans, 2011, p. 565). Énfasis añadido.	que van desde el castigo directo hasta el ostracismo, son a su vez sostenidas por el desprecio en el observador de la violación de la norma y la vergüenza en el destinatario de las sanciones. (2009:195). (Tena-Sánchez y Guell-Sans, 2011, p. 567). Énfasis añadido.
Condiciones de existencia de la norma social.	[...] se manifiesta en la forma de regularidad de conducta y de ejecución de sanciones [...] (Tena-Sánchez y Guell-Sans, 2011, p. 564).	1. Contingencia, 2. Expectativas empíricas, 3. Expectativas normativas y 4. Preferencias condicionales	Mandatos no orientados al resultado para actuar o para abstenerse de hacerlo, sostenidos por las sanciones que otros aplican a los violadores
Estado mental interno de los individuos.	No		
Cumplimiento racional (instrumental).	Sí	No	No

El agente es egoísta y autointeresado.	Solo se supone como autointeresado	mixed-motive game	Fuentes de motivación distintas al egoismo.
Soluciona un dilema previamente existente.	Impide que se produzcan externalidades negativas	Sí	¿Cuál dilema?
Consecuencialismo de la conducta guiada por normas	Sí	El caso 2b son de tipo no consecuencialista, mientras que en el caso 2b' serían de tipo consecuencialista (Tena-Sánchez y Guell-Sans, 2011, p. 564).	No
Contenido de algunas normas sociales.	Grado de consenso y ejecución sanciones	Compromiso condicional	Compromiso condicional
Contenido de algunas normas cuasi morales.			Compromiso condicional respecto a la conducta de otros agentes.
Contenido de algunas normas morales.		Compromiso Incondicional	Compromiso Incondicional
Emociones relacionadas con las normas sociales.			1. Desprecio en el observador
			2. Vergüenza en el violador

Emociones relacionadas con las normas morales.			1. Indignación en el observador
			2. Culpa en el violador
Tendencias de acción en las normas sociales.			1. Observador: Evitar o aislar al violador
			2. Violador: Ocultarse, correr, suicidarse
Tendencias de acción en las normas morales.			1. Observador: castigar al violador
			2. Violador: reparar el daño

Tabla 3. Las normas sociales. Características, similitudes y discrepancias, entre tres perspectivas.

Elaboración propia a partir de la lectura de Tena-Sánchez y Guell-Sans (2011).

II.4. Espacio. La tercera dimensión: el equilibrio de Nash

You don't have to be a mathematician to have a feel for numbers.

John Forbes Nash Jr.

(1928-2015)

Al igual que los investigadores Tena-Sánchez y Guell-Sans (2011) no daremos respuesta ¿al cómo es que emergen las normas? Pero, después de ver y analizar la tabla 3, se puede responder a lo que debemos entender y de qué modo motivan la conducta las normas sociales. Y, en este trabajo, la tabla 3 nos servirá de auxilio para la solución del siguiente dilema: enfrentar el deber personal de ayudar a la madre y el deber de una norma social; como el no pagar un soborno, el cual se resuelve en la tabla 4, de manera preventiva:

LAS NORMAS SOCIALES. Enfrentar el deber personal y el deber de la norma social.			
Enfoque:	Solución: Teoría de la Elección Racional estándar (TER-e.)		
Dilema:	[...] pagar un soborno para que mi madre entre en un asilo, (Alconada, 2022).		
Acción:	Pagar un soborno	Valor	Pagar un soborno
Conducta regular	Sí		No.
Estructura de interacción	Persona con poder de decisión del asilo pide un soborno		N/A
Expectativas:	Ella duerma esa noche en el asilo	1	N/A

Consenso:	[...] tomando una cerveza con amigos, les diré: ¡Qué pena que nuestra cultura esté así!, (Alconada, 2022).		N/A
Tipo de conducta:	Negativa		N/A
Grado de consenso en el grupo:	Ambiguo		N/A
Sanciones (positivas o negativas)	Sí		N/A
Observador presente:	No	0	N/A
Sanción en el grupo:	No	0	N/A
Racionalidad instrumental:	Costo y beneficio	3	N/A
Costo:	Culpa, con menor intensidad	1	N/A
Beneficio:	Ella duerma esa noche en el asilo	1	N/A
Norma moral	El deber personal de ayudar a la madre	1	Carajo, odio esta corrupción, (Alconada, 2022).
Equilibrio de la corrupción:	¡Qué pena que nuestra cultura esté así! (Alconada, 2022).	2	N/A
Cumplimiento de la norma social:	[...] si, y solo si, los beneficios que anticipa por cumplir superan a los del incumplimiento, (Tena-Sánchez, y Guell-Sans, 2011, p. 575)	1	N/A
Solución:	[...] pero a mediodía lo pago. Lo pago porque es necesario que ella duerma esa noche en el asilo, (Alconada, 2022).	2	N/A

Tabla 4. Solución al dilema: pagar un soborno para que mi madre entre en un asilo a partir del equilibrio (o mentalidad) actual de la corrupción.
Elaboración propia.

Pero, solucionar el dilema: "[...] pagar un soborno para que mi madre entre en un asilo" (Alconada, 2022), utilizando la racionalidad instrumental tiene una trampa: justo, el caer en el punto de equilibrio de la corrupción que en el ejemplo de la tabla 4 se muestra con el resultado dos (2), que es la operación aritmética de restar al costo y beneficio de tres (3) el valor del cumplimiento de la norma social que es uno (1).[24] Para alterar este contexto: equilibrio de la corrupción, se debe llevar a cabo un cambio en el pensar, pasar de dicho equilibrio a la visión de un nuevo balance activado por el resultado residual del descontento del ciudadano común o de a pie pero al cuadrado; "Carajo, odio esta corrupción" (Alconada, 2022).

Y, qué pasaría si introducimos al dilema de la tabla 4 una cláusula de exclusión voluntaria; el resultado residual del descontento al cuadrado y volvamos a resolver la disyuntiva de "[...] pagar un soborno para que mi madre entre en un asilo" (Alconada, 2022), pero hay algo adicional; ahora debemos utilizar, además del cambio de luces, primero el enfoque de Jon Elster sobre qué es una norma social, ilustración 4 y tablas 3 y 5, y segundo busquemos un nuevo equilibrio: el equilibrio de John Forbes Nash (1928-2015)[25] como se muestra en la ilustración 5 y tabla 6.

24. Los valores dados de uno (1) y cero (0) a las filas de la tabla 4: Expectativas, Observador presente, Sanción del grupo, Costo, Beneficio, y Norma moral, representan el uso de la fórmula binaria de Klitgaard: C = (m+d)-r, aplicado a la Teoría de la Elección Racional estándar (TER-e). La existencia o no en una cultura determinada de los conceptos señalados en las filas referidas se califican como una elección de si es o no corrupción, si es blanco o negro, donde blanco es cero (0) y negro es uno (1).

25. El Equilibrio de Nash, "[t]ambién llamado equilibrio estratégico, es una lista de estrategias, una para cada jugador, que tiene la propiedad de que ningún jugador puede cambiar unilateralmente su estrategia y obtener un mejor resultado" (Turocy y Stengel, 2003, p. 403).
Traducción propia de "*Also called strategic equilibrium, is a list of strategies, one for each player, which has the property that no player can unilaterally change his strategy and get a better payoff*".

En la ilustración 4 se muestra la solución al dilema "no pagar el soborno" utilizando el ejemplo del dilema del prisionero[26] a partir de lo que es una norma social, pero desde el enfoque de Jon Elster para quien las normas sociales no dependen de la regularidad de una conducta, y representan un compromiso condicional; porque las normas sociales son "mandatos no orientados al resultado para actuar o para abstenerse de hacerlo, sostenidos por las sanciones que otros aplican a los violadores [...]". Asimismo, las sanciones "[...] son a su vez respaldadas por el desprecio en el observador de la violación de la norma y la vergüenza en el destinatario de las sanciones" (Tena-Sánchez y Guell-Sans, 2011, p. 567).

A pesar de que existe una aparente simetría entre las elecciones de los jugadores; I. Corrompido y II. Corruptor, se puede observar que la mejor estrategia para el jugador II, es la combinación Dc, como indica la flecha de la parte izquierda, la cual se traduce para el jugador II. Corrupto, como un pago con el beneficio de tres (3), mientras que para el jugador I. Corrompido, que decide cooperar (C) su beneficio es un pago de cero (0). En cuanto a las elecciones cC, dC y dD, estas no logran romper con el equilibrio de la corrupción porque el jugador I. Corrompido, no tiene una estrategia que sea capaz de romper el equilibrio actual de la corrupción de un pago de beneficio de tres (3); es decir, no importa si coopera o deserta (D), no es seguro que la madre duerma hasta sus últimos días en un asilo, porque el jugador II no juega a la estrategia de cooperar, sino que existe algo más que lo motiva: la corrupción y, por si fuera poco, además conoce de antemano las opciones del jugador I, porque el juego mantiene una simetría ineficiente, como se observa en la ilustración 4 y tabla 5.

26. Para una explicación acerca del Prisoner's Dilemma (el dilema del prisionero), véase el excelente ensayo introductorio a la teoría de los juegos de Turocy, T., y Stengel, B. (2003).

Ilustración 4. La simetría ineficiente del juego de la corrupción

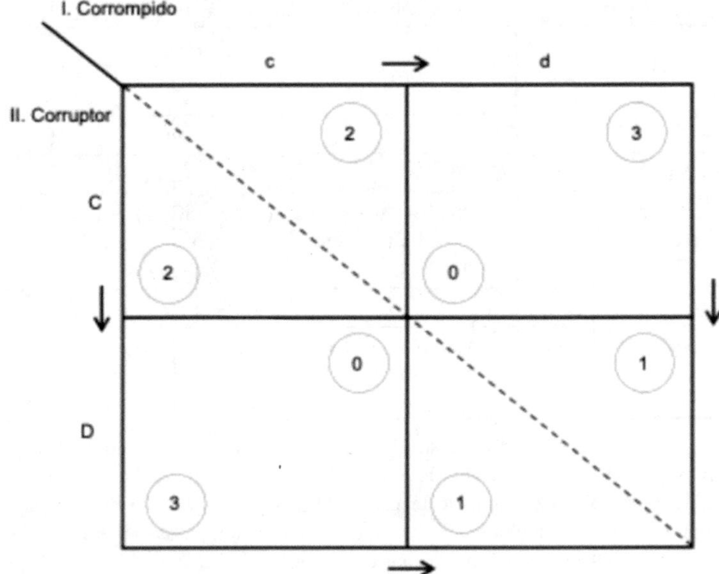

Ilustración 4. La línea de puntos muestra la simetría ineficiente del juego de la corrupción. Las flechas de la izquierda y la derecha apuntan a la estrategia preferida del jugador II cuando el jugador I juega en la columna izquierda o derecha, respectivamente. De manera similar, las flechas de la parte superior e inferior apuntan a la estrategia preferida del jugador I cuando el jugador II juega en la parte superior o inferior. Elaboración propia a partir de la Figura 2 de Turocy, T., y Stengel, B. (2003, p. 406).

Tabla 5. La simetría ineficiente del juego de la corrupción, el óptimo de Pareto.

Óptimo de Pareto				
Estrategias:		I. Corrompido		
		c		d
II. Corruptor (Cr)	C	Cc / cC		Cd / dC
	↓	(2) Madre duerme 3 años en el asilo, (2) Pago el soborno	< E1 Nash	(0) Madre no duerme en el asilo, (3) No pago el soborno
	D	Dc / cD		Dd / dD
	MECr	(3) Madre duerme en el asilo, (0) Pago el soborno		(1) Quizá Madre duerme 1 año en el asilo, (1) No pago el soborno

Tabla 5. La línea de puntos gris muestra la simetría ineficiente del juego de la corrupción. La combinación Dc es la estrategia preferida del jugador II cuando el jugador I juega en la columna de izquierda, respectivamente. En cuanto a las elecciones cC, dC, y dD de jugador I estas no logran romper con el equilibrio de la corrupción. Elaboración propia a partir de la lectura de Tena-Sánchez y Guell-Sans (2011) en relación con la mejor elección, la peor, la segunda mejor y la tercera mejor.

Y, ¿cómo cambiar la simetría ineficiente? En este libro se propone la inclusión en la mentalidad del jugador I y II de la existencia de una cláusula de exclusión voluntaria como estrategia, es decir, accionar el resultado residual del descontento con lo cual tendremos una nueva reinterpretación de la ilustración 4, véase la ilustración 5, en donde se puede ver el equilibrio de Nash en ambos jugadores. Primero, para el jugador II el recibir un soborno le representa un pago de uno (1) comparado con el no recibir el soborno que le reporta un beneficio mayor de dos (2): elección Dd de la ilustración 5, que se traduce para este en que podrá seguir en su encargo sin sentir el desprecio del observador y la vergüenza de aceptar un soborno. Segundo, para el jugador I la elección de dD de la ilustración 5, el no pagar el soborno le representa un beneficio de dos (2); siempre y cuando la cláusula de la exclusión se materialice en una acción que sea eficaz y eficiente, para así lograr que la mentalidad de ambos jugadores cambie o bien el jugador II tenga presente que recibir un soborno siempre le representa un pago de uno (1), tal como lo muestra la ilustración 5 y la tabla 6.

Ilustración 5. La simetría de la eficiencia entre ambos jugadores.

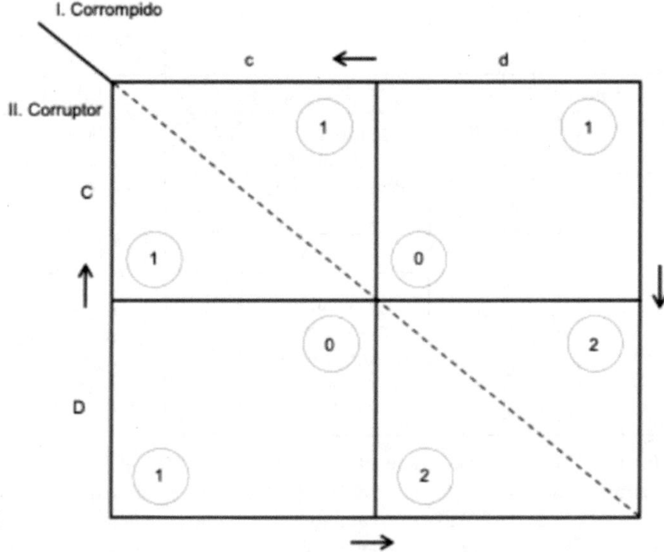

Ilustración 5. La línea de puntos muestra la simetría de la eficiencia entre ambos jugadores; I. Corrompido y II. Corrupto. Así, como la corrupción Alta—Baja con una cláusula de exclusión voluntaria. La flecha izquierda muestra que el jugador II prefiere la opción Alta cuando el jugador I elige cooperar. Pero, de manera similar, el jugador I prefiere, siempre, la opción Baja cuando sabe que el jugador II conoce el beneficio de no ser corrupto, es decir, seguir en su encargo sin sentir el desprecio del observador y la vergüenza de aceptar un soborno porque recibirá un pago de dos (2) por la elección de la estrategia Dd. Elaboración propia a partir de la Figura 4 de Turocy, T., y Stengel, B. (2003, p. 408).

Tabla 6. La simetría eficiente en el dilema, el equilibrio de Nash.

El equilibrio de Nash						
Las preferencias de los agentes se transforman						
Estrategias:			I. Corrompido (Cm)			
			c		d	
II. Corruptor (Cr)		C	Cc / cC		Cd / dC	
	Alta	MECr	(1) Madre duerme en el asilo, (1) Pago el soborno	< E1 Nash	(0) Madre no duerme en el asilo, (1) No pago el soborno	↓
	Baja	D	Dc / cD		Dd / dD	
		↑	(1) Posible denuncia por el desequilibrio de la corrupción, (0) Pago el soborno	E2 Nash >	(2) Acción colectiva, (2) No pago el soborno	MECm

Tabla 6. La línea de puntos gris muestra la simetría eficiente en el dilema "[...] pagar un soborno para que mi madre entre en un asilo" (Alconada, 2022). Si un dilema tiene más de un equilibrio de Nash es posible lograr el cambio de la mentalidad en los jugadores debido a que una teoría de interacción estratégica debería guiar a los jugadores hacia el equilibrio más razonable en el cual deben de centrarse; es decir, buscar el refinamiento del equilibrio en el cual ambos obtengan un mayor beneficio, la opción Dd o dD, respectivamente, según el jugador.

Elaboración propia a partir de la lectura de Tena-Sánchez y Guell-Sans (2011) en relación con la mejor elección, la peor, la segunda mejor y la tercera mejor. MECr se refiere a la mejor elección para el jugador II y, MECm a la mejor elección del jugador I. E1 y E2 hacen alusión a la presencia de dos equilibrios de Nash. Alta y Baja hacen mención del nivel de corrupción binaria: alta o baja.

Inclusive, el propio IPC buscó el equilibrio de Nash en el Índice de Fuentes de Soborno (IFS), por su parte, este último se basaba en la probabilidad de la percepción de que las empresas multinacionales utilicen sobornos cuando operan en el extranjero, la lista estaba integrada por las 28 principales economías del mundo, entre estas la de México. El IFS fue suspendido por Transparencia Internacional, según su portavoz Shunham Kaushik, "[...] debido a problemas de financiación y [con el fin de] centrarnos en cuestiones que están más en línea con nuestros objetivos de defensa" (AFT Malaysi, 2022). El último IFS fue publicado en 2011; el índice califica y clasifica a las economías en una escala de 0 a 10, donde la máxima puntuación significa la opinión, percepción de la probabilidad, de que las empresas de ese país y sus particulares nunca participan en sobornos al llevar a cabo actividades comerciales en el extranjero.

Lo rescatable del IFS es que nos mostró que, incluso de las 28 principales economías del mundo, no existe una sola de éstas que sea considerada como totalmente transparente o exenta a los sobornos. En el caso de México, su economía conformada de empresas, personas jurídicas o particulares, recibió en 2011 la puntuación de 7.0, es decir, de cada 10 actos 3 estarán bajo la sombra de la corrupción, véase ilustración 6. Por lo tanto, no es extraño pensar en el resultado de la tabla 2 el cual nos arroja la cifra de 2.7 que significa las veces de esfuerzo que se necesita para que x elimine la corrupción por cada acto de soborno. Pero, como se señaló en el apartado II.2., la expresión matemática $c = \frac{[(m + d) - r^2][I + T + (p/180)]}{(m + d) - r^2}$ no significa la respuesta a un determinado problema o la solución a la violación a determinada norma social, sino que su verdadera intención es encontrar la diferencia entre la luciérnaga y el relámpago: encontrar el sistema de gestión que haga posible la eficacia y eficiencia en r^2.

Ilustración 6. El Índice de Fuentes de Soborno (IFS) 2011.

Bribe Payers Index 2011

RANK	COUNTRY / TERRITORY		SCORE
01	NETHERLANDS	NLD	8.8
01	SWITZERLAND	CHE	8.8
03	BELGIUM	BEL	8.7
04	GERMANY	DEU	8.6
04	JAPAN	JPN	8.6
06	AUSTRALIA	AUS	8.5
06	CANADA	CAN	8.5
08	SINGAPORE	SGP	8.3
08	UNITED KINGDOM	GBR	8.3
10	UNITED STATES	USA	8.1
11	FRANCE	FRA	8.0
11	SPAIN	ESP	8.0
13	SOUTH KOREA	KOR	7.9
14	BRAZIL	BRA	7.7
15	HONG KONG	HKG	7.6
15	ITALY	ITA	7.6
15	MALAYSIA	MYS	7.6
15	SOUTH AFRICA	ZAF	7.6
19	TAIWAN	TWN	7.5
19	INDIA	IND	7.5
19	TURKEY	TUR	7.5
22	SAUDI ARABIA	SAU	7.4
23	ARGENTINA	ARG	7.3
23	UNITED ARAB EMIRATES	ARE	7.3
25	INDONESIA	IDN	7.1
26	MEXICO	MEX	7.0
27	CHINA	CHN	6.5
28	RUSSIA	RUS	6.1

Ilustración 6. "Los países se califican en una escala de 0 a 10, donde una puntuación máxima de 10 corresponde a la opinión de que las empresas de ese país nunca sobornan en el extranjero y un 0 corresponde a la opinión de que siempre lo hacen" (Hardoon y Heinrich, 2011, pp. 8-9)[27].

27. Traducción propia de "*Countries are scored on a scale of 0-10, where a maximum score of 10 corresponds with the view that companies from that country never bribe abroad and a 0 corresponds with the view that they always do*".

III. Consideraciones finales

La corrupción es tan antigua como el cuento de La rana saltadora "que es tanto antiguo como nuevo, que es un "cuento viejo" y que no lo es; porque era original cuando sucedió hace dos mil años, y fue de nuevo original cuando sucedió [...] en nuestra época" (Twain, 2010, p. 179). La rana saltadora es un cuento de tranzar, hacer trampa, que se debe contraatacar bombardeando su núcleo atómico para provocar una fisión en él; separando así al corruptor y al corrompido. Solo que aún no hemos encontrado la forma de lograrlo, un primer acercamiento es este trabajo de investigación que plantea lo siguiente:

a) El repensar la corrupción para encontrar una situación novedosa que cale hondo en la estructura neurológica del *Homo sapiens*, es decir, recuperar la parte no corrupta de su humanidad. Tal como lo hizo el funcionario que quedó atónito al recibir como pago de soborno el billete de cero rupias, con la inscripción "*I promise to neither accept nor give a bribe*". Prometo no aceptar ni dar sobornos.

b) El volver a pensar qué es una norma social en la Modernidad tardía, debemos reescribir la zona gris de los actos de corrupción, incluso creando artefactos, herramientas, simuladores algorítmicos que nos auxilien a entender sus causas y efectos. Curarnos de la intoxicación de las ideologías simplistas y simplificadoras; la transparencia no significa poner a las personas con poder dentro de una caja de cristal. El caso mexicano es, que sus instituciones, sus hombres públicos, su organización política y social, sus normas sociales, su vida cultural y académica está corrompida por el espíritu de su época (*Zeitgeist*), el cual casi ha sido devorado por un agujero negro.

c) El considerar de nuevo una expresión matemática que no signifique la respuesta a un determinado problema o la solución a la violación a determinada norma social, sino que exprese en la totalidad de las dimensiones r, como puede verse en la ilustración 3. Así, conocido el antecedente de la ecuación, este debe ser multiplicado por un factor: el consecuente llamado factor del impacto social de la corrupción; el resultado no solo se refiere a que existe corrupción en un lugar determinado, sino que arroje además el valor de la corrupción en sus cuatro (4) dimensiones, es decir, si x sabe que la corrupción es mayor a r^2, entonces, sabremos qué tanta energía necesita x para eliminar la corrupción.

d) Replantear ¿cómo cambiar la simetría ineficiente? En este ensayo se propone la inclusión en la mentalidad del jugador I y II de la existencia de una cláusula de exclusión voluntaria como estrategia, es decir, accionar el resultado residual del descontento con lo cual tendremos una nueva reinterpretación, en donde se pueda dar el equilibrio de Nash en ambos jugadores. Primero, para el jugador II el recibir un soborno le representa un pago de uno (1) comparado con el no recibir el soborno que le reporta un beneficio mayor de dos (2); elección Dd de la ilustración 5, que se traduce para este en que podrá seguir en su encargo sin sentir el desprecio del observador y la vergüenza de aceptar un soborno. Segundo, para el jugador I la elección de dD, de la ilustración 5, el no pagar el soborno, le representa un beneficio de dos (2), siempre y cuando la cláusula de la exclusión se materialice en una acción que sea eficaz y eficiente para así lograr que la mentalidad de ambos jugadores cambie, o el jugador II tenga presente que recibir un soborno siempre le representa un pago de uno (1).

e) El encontrar la diferencia entre la luciérnaga y el relámpago, es decir, descubrir el sistema de gestión que haga posible la eficacia y eficiencia en r^2. El sistema de gestión no solamente es un puñado de políticas, ordenamientos, responsables, códigos de ética y órganos de tolerancia. En el sistema de gestión se debe mostrar la evidencia de la conducta desplegada por los agentes: vivir la cultura de integridad y ética para entender al sabio.

f) Comenzar a estudiar desde las neurociencias el funcionamiento del cerebro del corruptor y corrompido. Estudios científicos, como el realizado bajo el hospicio del Premio al Científico Independiente, patrocinado por la Fundación Walker, muestran evidencia de que:

> [...] los criminales de cuello blanco muestran mejores funciones ejecutivas, una orientación mayor y sostenida, un aumento de la excitación y un mayor grosor cortical en múltiples regiones del cerebro que sirven a la toma de decisiones, la cognición social y la atención. Los resultados, aunque provisionales, constituyen los primeros hallazgos sobre las características neurobiológicas de los delincuentes de cuello blanco. Los hallazgos apoyan la hipótesis de que los delincuentes de cuello blanco, en comparación con otros delincuentes, tienen un mejor funcionamiento cognitivo y atencional que los coloca en una posición ventajosa para cometer delitos en el lugar de trabajo (Raine et al., 2012).

g) Establecer el uso del billete de cero pesos mexicano como una política pública para llevar al corruptor y corrompido a pensar voluntariamente sobre su conducta y revaluar sus actitudes y, modelos mentales para que estos recuperen la parte no corrupta de su humanidad. En la parte final de este libro el ciudadano de a pie encontrará cuatro hermosos billetes de cero pesos mexicanos, recortables, para hacer uso de estos cada vez que se enfrente a un acto de corrupción.

IV. Epílogo

二もとの　梅に遅速を　愛す哉
futsmoto no / ume ni chisoku o / aisu kana[28]

Yosa Buson
(1716-1783)

Ahora recuerdo porque pensé en Matsuo Bashō (1644-1694) al principio de este libro y ahora, al final, en el poeta y pintor Yosa Buson o en realidad pensé en las dos lectoras de este mecanuscrito y sus comentarios, o en realidad estaba pensando en el libro *La guerra y otras batallas*, mejor dicho en una de sus piezas teatrales no en *Conferencia bajo la lluvia* sino en aquella otra en donde Tycho Brahe (1546-1601) y Johannes Kepler (1571-1630) discuten en dos idiomas, en alemán y en latín, pero es curioso como aquellos actores que los interpretan en la puesta en escena todo lo expresan en español, es decir, se trata de "[(1)] un ejemplo de cómo traducimos lo que pensamos, [(2)] de cómo nos confundimos en la misma lengua y, sobre todo, [(3)] de cómo nos entendemos cuando creíamos no poder hacerlo" (Villoro, 2018, p. 243).

Por lo cual en *Repensar la corrupción: la diferencia entre la luciérnaga y el relámpago* el lector difícilmente no podrá encontrar el marco teórico[29], pero si (a) el planteamiento del problema, (b) los objetivos, (c) la(s) pregunta(s) de investigación, (d) la hipótesis, y (e) los métodos empleados

28. Versión propia:
Los dos ciruelos.
Tarde florece el uno,
temprano el otro.

29. Si existe la duda bastará con echar de nuevo un vistazo al contenido del capítulo II. Cuando la corrupción es la norma social.

en una primera lectura. Es natural, lo mismo le sucedió a Kepler en un primer intento al tener a la mano las cartas astrológicas de Tycho, porque pareciere que se ha escrito en un idioma distinto al español o no hay un tiempo-espacio para detenerse a leer con distensión o calma. Así que intentaremos, a continuación, señalar aquello que no se encuentra a *prima facie*, en un primer acto, pero que florece tarde o temprano, como advierte Buson:

a) Solucionar el dilema: pagar un soborno para que mi madre entre en un asilo, o tenga luz en la casa, o tenga una licencia, etcétera, utilizando la racionalidad instrumental tiene una trampa: justo, el caer en el punto de equilibrio de la corrupción. Para alterar este contexto: romper con el equilibrio de la corrupción, se debe llevar a cabo un cambio en el pensar, pasar de dicho equilibrio ineficiente a la visión de un nuevo balance activado por el resultado residual del descontento del ciudadano común o de a pie.

b) Encontrar la situación novedosa que deberá ser una contramedida que cale hondo en la estructura neurológica *Homo sapiens* para que este, de golpe, recupere la parte no corrupta de su humanidad, como el instrumento del uso del billete de cero pesos en México con la inscripción: Prometo no aceptar ni dar sobornos.

c) ¿Es posible repensar la corrupción? ¿Cuál es la diferencia entre el corruptor y corrompido? ¿La corrupción es una entidad tangible o es solo un constructo, una etiqueta que ponemos para dar sentido al caos que existe en la conducta del *Homo sapiens*? ¿La rendición de cuentas cuántas caras o ámbitos presenta? ¿Cuántas veces más de esfuerzo se necesita para suprimir el acto de la corrupción? ¿Habrá una respuesta para acabar con la corrupción? ¿Cómo romper con el equilibrio de la corrupción, cambiar la simetría ineficiente?

d) En la Modernidad tardía la corrupción se muestra como un comportamiento común en el *Homo sapiens* y, lo será hasta que exista una situación novedosa que lo lleve a repensar voluntariamente sobre su conducta y revaluar sus actitudes y modelos mentales sobre el uso del poder que se le ha confiado.

e) En *Repensar la corrupción: la diferencia entre la luciérnaga y el relámpago* se ha utilizado la hermenéutica jurídica, la conexión descendente que De Andrade y Lakatos señalaron como el método deductivo (2003, p. 183), el uso de la teoría de los juegos, buscando el doble equilibrio de Nash, la teoría de la Elección Racional estándar, el enfoque filosófico de Cristina Bicchieri y Jon Elster, con relación al tratamiento del fenómeno que habitualmente denominamos la norma social. Y el uso de una narración más cercana al *Storyseller* para ejemplificar como debió haber brotado la corrupción en nuestros antepasados, los *sapiens*, así como su presencia o continuidad en la Modernidad tardía.

Existe un segundo acto y es sobre todo lo que quedó pendiente en este ensayo y que, por lo tanto, deberá de corresponder a otros continuar con los alegatos, sin embargo, existen algunas preguntas a las que es prudente dar una respuesta o bien dar una aproximación, pero como se ha señalado es también necesario que otros discutan dichas ideas con relación a la fórmula de la corrupción que se propone en el apartado II.2., que arroja como resultado las veces más de esfuerzo que se necesita para suprimir un acto de corrupción.

Respecto al ¿por qué no se ha escrito debajo de las fórmulas el significado de cada letra? Y mandarlas a un pie de página, es necesario argumentar que se debe al uso del método señalado en el inciso e), del primer acto, es decir, hacer una narración más cercana al ciudadano de a pie. Y, sobre ¿por qué m y d tienen un valor de 1 a 8?, o ¿por qué *I* y *T* tienen un valor de 0 o 1?, o ¿por qué r^2 tiene un valor de 1 a 4?, no se debe confundir o querer buscar una explicación tomando como referencia el índice de Gini o de Theil, ambos emparentados con una forma de medida de la desigualdad, o el índice de Lerner que describe el poder de mercado de una empresa. Porque, por ejemplo, las letras *I* y *T* que representan la intensidad y tolerancia, respectivamente, y tienen un valor asignado de 0 o 1 porque la intensidad y tolerancia en la fórmula propuesta obedece a la percepción de que la presencia de ambas en una cultura es un claro indicio de la existencia de la corrupción, valor de 1, en la Modernidad tardía, la no-presencia de estas tendría así el valor de 0. La r^2 tiene un valor asignado de 1 a 4 que responde al cumplimiento de sus cuatro dimensiones explicadas en los apartados: II.1., II.2., II.3. y, II.4., cada dimensión tiene asignado un valor de 1. En relación con las fórmulas: C = (m+d)-r o C = (m+d)–(r+i+t) estas ya han sido explicadas ampliamente por Robert Klitgaard, y el *libro de consulta sobre rendición de cuentas, transparencia e integridad* (UNDP, 2008, p. 11), respectivamente. 180 es la constante que representa el número total de las jurisdicciones (países) que integran el indicador IPC de Transparencia Internacional y el cual podrá variar en el tiempo.

Una última didascalia: la diferencia entre la luciérnaga y el relámpago no es utilizar la palabra prima (Twain, 2010), es la tonalidad del pensamiento. En su libro *La tonalidad del pensamiento,* el filósofo surcoreano, Byung-Chul Han (1959) refiere que el pensamiento opta por una tonalidad, esa tonalidad depende de cada ser, es difícil creer que este ensayo tenga la tonalidad de Tycho o Kepler, pero tengo esperanza, es decir, fue hecho libremente y pensando, de nuevo: en la esperanza, esa es mi tonalidad, no el optimismo de que todo estará bien si se piensa positivamente, además, Kepler no estaría del todo satisfecho si no citáramos a su maestro Tycho ahora que podemos hacer una política pública del billete de cero pesos: *"Non frustra vixisse vidcor.* Que no haya vivido en vano", por favor, *"Non frustra vixisse vidcor"* al enmendar al corruptor y al corrompido (Sadurní, 2019).

Guadalajara, Jalisco. 13. 08. 2024

V. Bibliografía

AFT Malaysia. (2022). Old Wall Street Journal report about corruption in Malaysia recirculates online. *AFP Malaysia.* https://factcheck.afp.com/doc.afp.com.32EG28Z

Alconada, H. (2022). Entrevista con el especialista Robert Klitgaard sobre este delito y cómo enfrentarlo. *El Tiempo.* https://www.eltiempo.com/mundo/mas-regiones/robert-klitgaard-sobre-la-corrupcion-y-como-enfrentar-este-delito-654568

Alcubierre, M., y de Régules S. (2024). *Surfear el espacio-tiempo. Un científico entre agujeros negros y viajes hiperlumínicos.* Debate.

Bodanis, D. (2020). *E=mc2: La biografía de la ecuación más famosa del mundo* (J. Madariaga, trad.). Amat editorial (original publicado en 2014).

Byung-Chul, H. (2024). *La tonalidad del pensamiento* (L. Cortés, trad.). Paidos.

Byung-Chul, H. (2023). *La crisis de la narración* (A. Ciria, trad.). Herder.

Byung-Chul, H. (2013). *La sociedad de la transparencia* (R. Gabás trad.). Herder (obra original publicada en 2012).

De Andrade, M., y Lakatos, E. (2003). *Fundamentos de Metodología Científica.* Editora Atlas, S. A. original publicado en 1985).

Giglioli, D. (2020). *Crítica de la víctima* (B. Moreno, trad.). Herder (original publicado en 2014).

González, O., y Hevia, F. (2017). Dinámicas cotidianas de la gestión educativa según Heidenheimer el caso de Veracruz, México. *Clivajes. Revista de Ciencias Sociales.* Año IV(7), 141-165. https://clivajes.uv.mx/index.php/Clivajes/article/view/2392/4302

Hardoon, D., y Heinrich, Finn. (2011). Bribe Payers Index 2011 (*Índice de pagadores de sobornos 2011*), Transparency International. https://issuu.com/transparencyinternational/docs/bribe_payers_index_2011?mode=window&backgroundColor=%23222222

Heidenheimer, J. (2011). Perspectives on the Perception of Corruption. En Johnson, M., y Heidenheimer, J. (Eds.), *Political Corruption: Concepts and Contexts.* Transaction Publishers (original publicado en 2002).

Holmes, L. (2019). *¿Qué es la corrupción?* (S. Mastrangelo, trad.). Grano de Sal (original publicado en 2015).

Maar, P. (2004). Die Geschichte vom Jungen, der keine Geschichten erzählen konnte (La historia del niño que no sabía contar historias), *Die Zeit*. https://www.zeit.de/2004/45/Geschichte_Maar

Manes, F. (2016). El cerebro corrupto. La corrupción no es exclusiva de la especie humana, ni tampoco del poder político y empresarial sino también de la sociedad que a su medida, la ejerce o, al menos, tolera. *El país*. https://elpais.com/elpais/2016/05/03/ciencia/1462289605_959427.html

Mesa, S. (2021). *Silencio administrativo. La pobreza en el laberinto burocrático*. Anagrama (original publicado en 2019).

Picardo, Ó. (2024). Compadrazgo, Clientelismo y Corrupción. Disruptiva. *Instituto de Ciencia, Tecnología e Innovación de la Universidad Francisco Gavidia (UFG)* https://www.disruptiva.media/compadrazgo-clientelismo-y-corrupcion/

Raine, A., Laufer, S., Yang, Y., Narr, L., Thompson, P., & Toga, A. W. (2012). Increased executive functioning, attention, and cortical thickness in white-collar criminals (*Aumento del funcionamiento ejecutivo, la atención y el grosor cortical en delincuentes de cuello blanco*). *Human brain mapping*, 33(12), 2932–2940. https://doi.org/10.1002/hbm.21415

Sadurní, J. (2019). Tycho Brahe, el astrónomo más excéntrico de la historia. *Historia National Geographic*. https://historia.nationalgeographic.com.es/a/tycho-brahe-astronomo-mas-excentrico-historia_14803

Slimak, L. (2024). *El Neandertal desnudo. Comprender a la criatura humana* (R. Juan-Cantavella, trad.). Debate (original publicado en 2022).

Tena-Sánchez, J., y Guell-Sans, A. (2011). ¿Qué es una norma social? Una discusión de tres aproximaciones analíticas. *Revista Internacional de Sociología*. 69(3), 561-583. https://doi.org/10.3989/ris.2009.02.17

Turocy, T., y Stengel, B. (2003). Game Theory (*Teoría de juegos*). *Encyclopedia of Information Systems*. Academic Press. 2, 403-420 (original publicado en 2019). http://www.maths.lse.ac.uk/Personal/stengel/TEXTE/Turocy-vonStengel2002.pdf

Twain, M. (2010). How to tell a Story. *Cómo contar un cuento*. Langre.

UNDP (United Nations Development Programme). (2008). Corruption and Development: A Primer (*Corrupción y desarrollo: una introducción*). UNDP. https://www.undp.org/sites/g/files/zskgke326/files/publications/Corruption_and_Development_Primer_2008.pdf

Villoro, J. (2018). *La Guerra Fría y otras batallas. Teatro reunido*. Paso de Gato.

Villoro, J. (2005). *La voz en el desierto*. CONACULTA.

World Bank Group. (2015). World Development Report 2015: Mind, Society, and Behavior (*Informe sobre el desarrollo mundial 2015: mente, sociedad y conducta*). World Bank. https://openknowledge.worldbank.org/bitstreams/482b4262-0ab5-5cb5-a8ec-81263de6bbaf/download

Zaid, G. (2019). *El poder corrompe*. Debate.

RECORTE EN LA LÍNEA PUNTEADA

Alentar, capacitar y empoderar a todos los ciudadanos de México para eliminar la corrupción en todos los niveles de la sociedad.

www.ceropesos.org
info@ceropesos.org
Capítulo Jalisco: **jal@ceropesos.org**

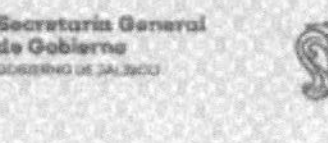

RECORTE EN LA LÍNEA PUNTEADA

Alentar, capacitar y empoderar a todos los ciudadanos de México para eliminar la corrupción en todos los niveles de la sociedad.

www.ceropesos.org
info@ceropesos.org
Capítulo Jalisco: **jal@ceropesos.org**

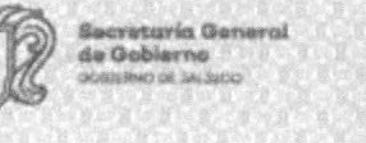

RECORTE EN LA LÍNEA PUNTEADA

Alentar, capacitar y empoderar a todos los ciudadanos de México
para eliminar la corrupción en todos los niveles de la sociedad.

www.ceropesos.org
info@ceropesos.org
Capítulo Jalisco: **jal@ceropesos.org**

Secretaría General
de Gobierno
GOBIERNO DE JALISCO

RECORTE EN LA LÍNEA PUNTEADA

Alentar, capacitar y empoderar a todos los ciudadanos de México para eliminar la corrupción en todos los niveles de la sociedad.

www.ceropesos.org
info@ceropesos.org
Capítulo Jalisco: **jal@ceropesos.org**

RECORTE EN LA LÍNEA PUNTEADA

Alentar, capacitar y empoderar a todos los ciudadanos de México para eliminar la corrupción en todos los niveles de la sociedad.

www.ceropesos.org
info@ceropesos.org
Capítulo Jalisco: **jal@ceropesos.org**

RECORTE EN LA LÍNEA PUNTEADA

Alentar, capacitar y empoderar a todos los ciudadanos de México para eliminar la corrupción en todos los niveles de la sociedad.

www.ceropesos.org
info@ceropesos.org
Capítulo Jalisco: **jal@ceropesos.org**

Secretaría General
de Gobierno

RECORTE EN LA LÍNEA PUNTEADA

Alentar, capacitar y empoderar a todos los ciudadanos de México para eliminar la corrupción en todos los niveles de la sociedad.

www.ceropesos.org
info@ceropesos.org
Capítulo Jalisco: **jal@ceropesos.org**

RECORTE EN LA LÍNEA PUNTEADA

Alentar, capacitar y empoderar a todos los ciudadanos de México para eliminar la corrupción en todos los niveles de la sociedad.

www.ceropesos.org
info@ceropesos.org
Capítulo Jalisco: **jal@ceropesos.org**